Im Gespräch mit
Esther Maria Magnis
und Marion Poschmann

Ilka Scheidgen

Das Leben lebt ohne Warum,
indem es sich selber lebt.
Meister Eckhart

Mit Gott
riskiert man alles.
Jean Anouilh

Ilka Scheidgen

Im Gespräch mit Esther Maria Magnis und Marion Poschmann

TWENTYSIX – Der Self-Publishing-Verlag
Eine Kooperation zwischen der Verlagsgruppe Random House
und BoD – Books on Demand

© 2017 Ilka Scheidgen für Text und Fotos

Herstellung und Verlag:
BoD – Books on Demand, Norderstedt

ISBN: 978-3-740-73355-1

Inhaltsverzeichnis

Einleitung   6

Esther Maria Magnis

Biografisches   9
Gott braucht dich nicht   10
Gespräch mit Esther Maria Magnis   22

Marion Poschmann

Biografisches   44
Die Sonnenposition   46
Gespräch mit Marion Poschmann   57
Geliehene Landschaften   76
Die Kieferninseln   85

Veröffentlichungen   104

Pressestimmen   106

Einleitung

Während bei Esther Maria Magnis in ihrem autobiografischen Buch „Gott braucht dich nicht" der Name „Gott", um den es hier geht, schon im Titel erscheint, so geschieht das bei Marion Poschmann sehr verhalten, oft nur indirekt und erahnbar.

Bei Magnis bricht Gott geradezu alttestamentarisch mit Donner und Getöse in das Leben der Protagonistin ein: „Vielleicht ist Gott ein Sadist. Vielleicht ist hinter der Grenze, die wir nur mit unserem Inneren passieren können, ein großes Kind, das schlecht erzogen wurde und sich nicht kümmert." Da muss man als Leser erst einmal schlucken!

Ganz anders bei Marion Poschmann: bei ihr überwiegt das Leise. „Bei uns ist die Reise nach innen verpönt, was ich darauf zurückführe, daß dieses Innere nicht nur als Bereich des Göttlichen und damit als Zumutung aufgefaßt wird, sondern eben auch schwer zu lokalisieren ist" heißt es in ihrem Roman „Die Kieferninseln".

Im Gespräch mit beiden Autorinnen offenbart sich, wie viel sie gemeinsam haben und weshalb die Lektüre ihrer Bücher überaus lohnend ist.

Esther Maria Magnis

Esther Maria Magnis

Esther Maria Magnis, Jahrgang 1980, ist in Westfalen geboren und hat Vergleichende Religionswissenschaft und Geschichte studiert.
„Gott braucht dich nicht. Eine Bekehrung" ist ihre erste Buchveröffentlichung.
Das Buch erschien 2012 im Rowohlt Verlag und 2014 als Taschenbuchausgabe im Rowohlt Taschenbuch Verlag. 2013 wurde es ins Portugiesische, 2015 ins Niederländische übersetzt.
Esther Maria Magnis ist verheiratet und Mutter zweier Töchter. Sie lebt und arbeitet in Berlin.

GOTT BRAUCHT DICH NICHT

Ein provozierendes und aufwühlendes Debüt

Um es gleich vorweg zu sagen: Das Debüt der 32jährigen Esther Maria Magnis ist in vielerlei Hinsicht ein Ereignis. Zwar kann man in letzter Zeit eine erstaunliche Hinwendung zur religiösen Thematik feststellen – erinnert sei an die letzten Veröffentlichungen von Martin Walser, aber auch das Bekenntnisbuch des SPIEGEL-Redakteurs Matthias Matussek „Das katholische Abenteuer" oder den Bestseller des Theologen Manfred Lütz „GOTT: Eine kleine Geschichte des Größten" .
Und doch unterscheidet das Buch von Esther Maria Magnis sich von Beispielen wie den genannten um einen ganz wesentlichen Aspekt: es wirkt und ist authentisch, das heißt: hier ist zuvorderst nicht intellektuelles Hinterfragen oder sprachverliebte Spielerei am Werk.
Nein, hier geht es um nicht mehr und nicht weniger als das Leben selbst, das Leben von Esther Maria Magnis, das einen Riss erhält, als sie noch Kind ist. Mit einer Kindheitsszene beginnt das in drei Kapitel gegliederte Buch, dem jede Gattungsbezeichnung fehlt. An ihrer Stelle findet sich die merkwürdige Angabe „Eine Bekeh-

rung". Darunter versteht man gemeinhin eine Hinwendung vom Unglauben zum Glauben. Auch davon handelt dieser autobiographische Text. Aber mehr noch handelt er vom zutiefst existenziellen Verlust des Glaubens, von einer Gottesferne und Leere, von einer geradezu hiobsmäßigen Verzweiflung und Anklage, dass Gott sich nicht zeigt, dass er schweigt und dass er das Leid und das Zerbrechen am Leiden zulässt, ohne sich zu kümmern, ohne auf Gebete zu hören.

Als die 14jährige Esther und ihre Geschwister Steffi und Johannes erfahren, dass ihr Vater an einem unheilbaren Krebs erkrankt ist und nur noch „drei Wochen oder drei Monate" zu leben hat, bricht für sie ihre heile Kinderwelt zusammen. Obwohl die Familie eine gängige Glaubenspraxis übt mit Kirchbesuchen, rebelliert Esther vor allem gegen das, was ihr in Predigten oder im Unterricht über Gott erzählt wurde, denn es unterscheidet sich nicht von dem, über was auch in Talkshows unentwegt palavert wird. So stellt sie sich Gott nicht vor, so spießig, so moralisch. „Ich hatte zwar keine Ahnung, was er wollte, aber er interessierte mich einfach, irgendetwas band mich an ihn. Sein Gottsein. Seine Wirklichkeit."

„Ich brauchte als Vierzehnjährige nicht noch einen Unsichtbaren und schon gar keinen orientalischen Pazifisten mit Schlappen und Vollbart." Denn: „So niedrigschwellig Jesus auch angeboten wurde, so wenig konnten meine Freunde und ich etwas mit ihm anfangen." Eine ganz normale Pubertierende also. „Es war in diesem Alter, so mit dreizehn, vierzehn, als ich irgendwie begann, mich leise von Gott zu trennen. Eine Trennung ohne Winken, ohne tschüs zu sagen."

Und dann, mit der grauenhaften Ankündigung seines baldigen Todes, der nur einen Gedanken in ihr auslöst „Ich will Papa behalten", bricht sich ETWAS in ihr Bahn, das diesen Wunsch zu einem Gebet werden lässt, einem Gebet, das ihr ganzes Sein erfasst und in das sie ihre Geschwister mit hineinnimmt. Plötzlich gab es kein Wenn und Aber, keine Vernunft, die beschwichtigt, sondern nur noch einen unbeirrbaren Glauben an ein Wunder, das den Vater retten würde. Da war plötzlich wieder da, was Esther als kleines Kind von fünf Jahren am Meer einmal erlebt hatte, was man als mystisches Erlebnis bezeichnen könnte.

Die Schilderung jenes Erlebnisses ist nur eine jener Stellen im Buch, das sich konsequent einer literarischen Einordnung verweigert, bei der sich die poetische Sprachkraft der jungen Autorin zeigt. „Während ich schaute, begann die Tiefe des Himmels, die sich durch die einzelnen Sterne darin andeutete, zu wachsen. Ich kannte nichts von dem. Die Wellen des Meeres wurden nicht leiser, aber das Rauschen nahm eine andere Richtung. Es führte nicht zu mir, zu meinem kleinen Platz auf den Steinen, sondern hinaus in die Weite. (...) In mir, ohne Konsonanten, ohne Vokale – mein Name. Die Welt trat nicht zurück, aber ich trat aus ihr hervor. Mitten aus der Nacht, weil mein Name in mir nachklang. Die ganze Zeit. In einer Weise, in der ich nicht sprach. Darin lag ein Ernst, liebevoll und gleichzeitig unbedingt." Und da wusste das kleine Kind, dass es Gott begegnet war. Und jetzt war es wieder so. Das Gebet für den Vater „unterschied sich von allen anderen Hinwendungen, die ich bis dahin zu Gott getan hatte. Ich war das Gebet. Ganz."

So etwas zu lesen, dürfte einem aufgeklärten Geist Schauer einjagen.
Aber dieser so unglaubliche Glauben an die Kraft des Gebetes wird geprüft und im Zorn verworfen und dann noch einmal ganz elementar

beschworen. Eineinhalb Jahre hat der Vater durch verschiedene Therapien schon wider Erwarten überlebt. Als es heißt, „Papa stirbt", mobilisiert sie noch einmal all ihre Kräfte. „Ab diesem Tag begann ich, mein ganzes Vertrauen Gott zu schenken und zu glauben, dass sich der Berg erheben und ins Meer stürzen würde, weil ich betete, als hätte ich's schon empfangen. Den letzten Zweifel verscheucht." Ein halbes Jahr später ist der Vater tot. „Danach bin ich verstummt. – Totenstille die ganze Welt. Still und kalt. Wie wenn Schnee gefallen ist. Ohne Gott. Ohne mich. Und keine Regung mehr." So endet das erste Kapitel.

Wie nun weiterleben? Alles Fragen, alles Denken, alles Philosophieren ist ohne Sinn. „Es gab erst mal nur Tod. Und der tut nicht sofort weh. Der ist nur sehr streng. Der nimmt einem Oberfläche, auf der was haften bleiben kann. Und jede Zeile, die der Geist schreiben will, hat keine Tafel mehr, und die Kreide klackert auf Glas, und nichts bleibt hängen. Jeder Strich, den man ziehen will, jeder Bogen, ob verträumt oder genau und konzentriert, rutscht ab auf Glas. Man ist auf einmal dumm."
Wer so schreiben kann, ist ein Dichter. Das ist keine „Ratgeberliteratur".

Hier wühlt sich jemand im Staub des Nicht-Begreifens-Könnens, der keine wohlfeile Antwort geben kann und will auf die überall lauernde Frage: Warum dieses Leid. Wie kann Gott das zulassen? „Die Antwort war mir scheißegal. Jede Antwort hätte ich als Frechheit empfunden."

Und dann lässt sie sich fallen – ins Nichts, wo doch nun sowieso alles egal war. Und fühlt sich plötzlich frei, „erlöst von dem ganzen christlichen und humanistischen Schrott, der einen zwingt, das Leben ernst zu nehmen und die erfundenen Regeln ein-zuhalten" – und ist doch im Grunde wund wie ein verletztes Tier, als sie in ihrer Verzweiflung, obwohl nichts mehr zu gehen scheint, sogar noch diese Erfahrung macht, „dass man sich als Träger seines Lebens aushalten muss."

Und es vergehen Jahre, in denen nichts Besonderes geschieht. Nur Äußerliches. So beginnt das dritte Kapitel. Und man spürt auch als Leser die kriechende Zeit, das Gluckern in der Heizung, den Pendelschlag der Uhren, „und der nächste Morgen und der nächste Mittag" kommen und gehen, immer gleich.

Es sind vier Jahre, nachdem Esther Gott ihr „Ich hasse dich" entgegengeschleudert hat und dann ganz aufgehört hat, an ihn zu glauben, da muss sie sich im Gespräch mit ihren Kommilitonen plötzlich verhalten zu der Frage, ob man an Gott glaube. Und da weiß sie wieder, dass es IHN gibt. Aber zu ihm sprechen, ihn verstehen?

„Vielleicht ist Gott ein Sadist. Vielleicht ist hinter der Grenze, die wir nur mit unserem Inneren passieren können, ein großes Kind, das schlecht erzogen wurde und sich nicht kümmert. Wenn Gott, wie die Christen behaupten, Liebe ist, dann verstehe ich diese Liebe nicht. Dann ist sie irrer und strenger als meine."
Das mag salopp oder kokett klingen in manchen Ohren. Aber der Autorin geht es nicht um sprachliche Spielereien. Sie ist um Wahrheit bemüht und versucht sie mit Sprache einzufangen. Das ist schwer genug.
Man kann ihr folgen, auch wenn sie keinerlei missionarischen Antrieb verfolgt. Sie erzählt nur von sich selbst. In großer Offenheit. Und mit dem Risiko, sich lächerlich zu machen bei denen, die ihr nicht folgen können. Das ist ein nicht geringes Wagnis, mit so einem Buch, mit solch einem außergewöhnlichen ersten Buch vor die Öffentlichkeit zu treten.

Es gibt nicht viele, die so unverstellt von Gott zu sprechen wagen: „Ich glaube, Gott fehlt uns. Ich glaube, wir vermissen Gott. Und wir sind verletzt. Nicht alle. Ich würde das niemals jemandem einreden wollen oder mich damit über Atheisten erheben wollen. Ich weiß, dass es gute Gründe gibt, nicht zu glauben. Aber manchmal denke ich, die meisten Menschen sind einfach nur traurig, dass er nicht da ist. Dass er schweigt."

Aber die Ich-Erzählerin geht noch einen Schritt weiter als in diesen Überlegungen. Sie liefert sich aus, sich höchstpersönlich, nackt vor dem großen Unbekannten, nackt vor dem Leser – dies vor allem. Und damit beginnt das, was sie ihre „Bekehrung" nennt, als sie erkennt, „dass der Mensch zusammengefasst in den Zeiten nur einen einzigen Moment im Leben hat, das ist der vor Gott. (...) Alles, was ich je wusste, ist gegangen. Nur die Staubknäuel und die Krümel auf dem Holz, wenn man mit den Händen darüberfährt. Ich habe zu knien begonnen. Es ist ausgeschwiegen. Nur noch ein gleichmäßiger Schlag in meinem Dasein. Gott?"

Esther hat Gott wieder gefunden. So hätte es für sie gerne bleiben können. Aber das tat es nicht. Ihr neuer Glaube wird durch einen weiteren, viel-

leicht noch schlimmeren als den ersten Schicksalsschlag auf eine unbarmherzige Probe gestellt. Und Esther hadert ein weiteres Mal mit einem scheinbar so fröhlichen Christentum, das von der Frohbotschaft der Evangelien spricht. Für sie offenbart sich Gott als Zumutung, als Schrecken.
Und das ist alles für sie nicht wahr, was in so scheinbar fortschrittlichen Interpretationen der Bibel oder in modernen Kirchenliedern vermittelt werden soll, zum Beispiel, dass Gott uns braucht.

Das machte Gott kleiner und die Menschen größer, wie sie fand. Und aus dieser Überlegung versteht man plötzlich den Titel des Buches. „GOTT BRAUCHT DICH NICHT" – jedes Wort auf einer Zeile, in Majuskeln, aufgerichtet und Schatten werfend wie den Schriftzug HOLLYWOOD in den Bergen über der Filmstadt Los Angeles. Als absoluten Kontrast zu jener Glamour- und Traumwelt.
Denn Glauben hat mit Traumwelten nichts zu tun. „Gott ist schrecklich. Gott brüllt. Gott schweigt. Gott scheint abwesend. Und Gott liebt in einer Radikalität, vor der man sich fürchten kann."
Gesäusel und gefühliger Sozialkitsch haben da keinen Platz.

In der Tat: Gott braucht uns nicht. Aber Esther Maria Magnis hat erlebt, dass Gott wirklicher ist als alles andere. Davon gibt sie in ihrem Buch eindringlich Zeugnis.

Diese Besprechung wurde am 29. Oktober 2012 im Internetportal „Theologie und Literatur" kurz nach Erscheinen des Buches veröffentlicht.

Durch die intensive Beschäftigung mit dem so fesselnden Debüt einer jungen Autorin entstand der Wunsch, sie persönlich kennen zu lernen und mit ihr ein Gespräch zu führen über die Entstehungsgeschichte des Buches.

Gespräch mit Esther Maria Magnis

Seit 2008 lebt Esther Maria Magnis in Berlin. Nach Beendigung ihres Studiums der Vergleichenden Religionswissenschaft und Geschichte in Hannover wollte sie in die pulsierende Hauptstadt.

Komfortabel ausgestattet mit einem Vorschuss des Rowohlt Verlages für ihr erstes Buch konnte sie sich Zeit lassen für ein Projekt, das – wie sie mir erzählt – ihr viel abverlangt hat.

Hier mitten im angesagten Zentrum Prenzlauer Berg haben wir uns für ein Gespräch verabredet. Im Ostteil von Berlin ruckeln noch Straßenbahnen, Tram genannt, durch die Straßen, die im Westteil der Stadt schon längst nicht mehr fahren.

Treffpunkt Schwedterstraße mitten im Berliner Kiez Prenzlauer Berg. Hier ist noch nicht alles aufgehübscht und saniert, Hinterhöfe sind noch bunt und geben einer kreativen Szene Raum.

Hier treffe ich mich mit der jungen Autorin Esther Maria Magnis, die mit ihrem Debüt „Gott braucht dich nicht", im Herbst 2012 im Rowohlt Verlag erschienen, für Aufsehen sorgte. Seither belegt das Buch kontinuierlich einen der ersten fünf Bestsellerplätze in der amazon-Rubrik „Religions- & Kirchenkritik".

Ein nieselig kalter Februartag. Frau Magnis kommt von einem Spaziergang mit Kinderwagen zur verabredeten Stelle. Ihre vier Monate junge Tochter ist in Selbstgestricktes warm verpackt. Wir laufen gemeinsam zum Haus, in dem sie wohnt, wo ihr Mann zur „Babyübergabe" zu uns herunterkommt.

Für ein ungestörtes Gespräch hatte sie ein Café wenige Häuser entfernt von ihrer Wohnung vorgeschlagen. Viele kleine Läden und Cafés, auch noch reichlich unsanierte Fassaden und bunte Hinterhöfe geben dem besonders unter jungen Leuten beliebten Viertel ihre Prägung. Buchläden mit solch schönen Namen wie „Buchladen zur schwankenden Weltkugel", reichlich Graffiti und individueller Hausschmuck zeugen vom Pulsschlag einer Großstadt, die sich besonders bei Künstlern immer größerer Beliebtheit erfreut.

Ich wollte die junge Autorin unbedingt persönlich kennen lernen, nachdem ich ihr Debüt „Gott braucht dich nicht" gelesen hatte, und Näheres über dessen Entstehung erfahren. Und das Buch, im September 2012 erschienen, ist in der Tat etwas Außergewöhnliches. In ihm geht es um nicht mehr und nicht weniger als die Gottesfrage. Es handelt vom zutiefst existenziellen Verlust des Glaubens, von einer Gottesferne und Leere, von einer geradezu hiobsmäßigen Verzweiflung und Anklage, dass Gott sich nicht zeigt, dass er schweigt und dass er das Leid und das Zerbrechen am Leiden zulässt, ohne sich zu kümmern, ohne auf Gebete zu hören.

Im Gespräch kann ich eine sensible junge Frau kennen lernen, die mir schon ein Stück weit aus ihrem autobiografischen Sachbuch, das mich so sehr gefesselt hat, bekannt ist. Aufgewachsen in einer westfälischen Kleinstadt, deren Namen sie mir nicht verraten will, erfahren Esther und ihre Geschwister Stephanie und Johannes durch den Beruf des Vaters als Außenhandelskaufmann eine kosmopolitische Kindheit mit häufigen Auslandsaufenthalten in aller Welt. „Das war schön für uns Kinder, in andere Kulturen reinzugucken", erzählt sie, „und natürlich auch die Natur, das Meer. Mein Vater nahm uns immer gerne mit."

„Manchmal habe ich meine Klassenkameraden beneidet, dass sie zu Hause in Deutschland ihre Ferien verbringen konnten", verrät sie mir. Aber es scheint bei ihr einiges anders zu sein als bei Gleichaltrigen. Obwohl die Familie eine gängige Glaubenspraxis übt mit Kirchbesuchen - wechselweise in katholischen und evangelischen Gottesdiensten, rebelliert Esther vor allem gegen das, was ihr in Predigten oder im Unterricht über Gott erzählt wurde, denn es unterscheidet sich nicht von dem, über was auch in Talkshows unentwegt palavert wird.

Esther erlebte eine heile Familie, deren Eltern eine „ökumenische Ehe" führten mit abwechselnden Kirchbesuchen in evangelischen und katholischen Gottesdiensten. Die katholische Mutter stammt aus dem Schwarzwald mit Wurzeln im Schweizerischen und in Italien, der protestantische Vater aus Norddeutschland.

Den Eltern war es wichtig, dass ihre Kinder religiös nicht indifferent erzogen wurden. Wenn sie in die heilige Messe gingen, empfingen ihre Eltern aber nie die Kommunion. Das fiel schon der kleinen Esther auf, sie spürte daraus eine große

Hochachtung dem Sakrament gegenüber. „Das hat bei mir dazu geführt, dass ich die Kommunion als etwas Besonderes empfunden habe. Wir haben auch bei Tisch gemeinsam gebetet. Aber das hat dann doch nicht gereicht, als mein Vater krank wurde. Meine Mutter kam nicht auf uns zu und hat gesagt, wir beten jetzt. Das kam von uns Kindern allein", erzählt sie mir.

Nach dem Abitur musste ihre Schwester sich für sie um einen Studienplatz kümmern, so sehr war der jungen Esther die Normalität abhandengekommen. Sie begann in Saarbrücken Psychologie zu studieren, merkte aber bald, dass es das nicht war, dass da keine Antwort zu finden war. „Ich war damals ja absolut depressiv", erzählt sie mir in einer ruhigen Ecke der Pizzeria, wo uns niemand stört, „ausgelöst dadurch, dass ich Gott aus meinem Denken herausgestrichen habe. Ich hatte ein weltanschauliches Problem, das konnte mir kein Psychologe beantworten."

Esther Maria Magnis schaut mich offen an, als sie weiterspricht: „Ich bin, wenn ich etwas erkannt habe, wohl ziemlich radikal, jedenfalls konsequent. Als ich damals also atheistisch dachte, mündete das bei mir automatisch im Nihilismus. Ich kann das nicht anders denken. Ich weiß, dass Kant das anders gezeigt hat, es aber bezogen auf die Gottesfrage doch nicht funktioniert. Und dieses Problem hat meine Depression ausgelöst." Dieses Gefühl der absoluten Sinnlosigkeit hat sie auch in ihrem Buch sehr eindrücklich beschrieben.

So etwas liest man wirklich nicht alle Tage! Nur einen Essay hat sie zunächst geschrieben für den Band „Generation Credo" (2007), den ihr Mann herausgegeben hat. Der gelangte in eine Zeitschrift, woraufhin sie fast zeitgleich das Angebot einer Agentur und vom Rowohlt Verlag bekam, sie solle doch daraus ein Buch machen. Da war sie noch im Studium der Vergleichenden Religionswissenschaft und Geschichte mit dem Ziel Journalistik. Dass sie regelrecht gedrängt wurde, ihre Geschichte mit Gott, ihre „Bekehrung", wie es dann später im Untertitel des Buches heißen sollte, ausführlicher zu erzählen, ist einerseits verwunderlich, bedenkt man, dass ein öffentliches Bekenntnis zum Glauben immer noch etwas Peinliches hat. Andererseits ist die Sprache von Esther Maria Magnis so frisch und unverbraucht, so provokativ und zart zugleich, ein derart schnoddriger Ton bei einer solchen Thematik so ungewöhnlich, dass das Interesse des Verlages nachvollziehbar ist.

Also entschloss sie sich zum Schreiben. Ihr sei von ihrem Lektor und auch vom Verleger Alexander Fest alle Freiheit gelassen worden, das habe sie wichtig gefunden – bei einem so persönlichen Stoff. Übrigens sei das Buch in Berlin entstanden, wo sie eigens hingezogen sei – in die WG ihres heutigen Mannes.

Kennen gelernt hatte sie ihn schon viele Jahre zuvor auf der Geburtstagsfeier einer Freundin. Da war gerade ihr Vater gestorben.

Davon erzählt sie mir bei unserem Gespräch. In einer einzigen Nacht hat sie sich diese schreckliche Zeit der Leere, Stille, Verzweiflung und Dunkelheit von der Seele geschrieben in einem Essay.

Auf verschlungenen Pfaden gelangte der Text auf den Schreibtisch des Verlegers Alexander Fest vom Rowohlt Verlag. Esther studierte damals in Rom. Sie war nach Rom gekommen, weil sie unbedingt den Benediktinermönch und Professor Elmar Salmann hören wollte, wie sie mir erzählt. Salmann lehrte Theologie und Philosophie an der Ordenshochschule San Anselmo und an der Päpstlichen Universität Gregoriana. Über die Doktorarbeit eines Freundes war sie auf ihn aufmerksam geworden und war hingerissen.

„Der öffnet einem die Türen so weit und man staunt nur, was dahinter liegt", und noch immer schwingt bei ihrem Bericht eine ansteckende Begeisterung mit. „Seine Denkwege sind so fremd und überraschend. Was der über den Menschen und Gott sagen kann ist so außergewöhnlich fein und verrückt groß und viel."

Vor allem sein Interesse an Kunst und Literatur öffneten der Studentin neue Welten. Magnis: „Je mehr man sich für die Wirklichkeit interessiert, je besser man sie beschreibt, desto mehr findet man auch über Gott heraus. Und deshalb finde ich es schade, wenn in der Kirche so ein Desinteresse an Kunst besteht beziehungsweise was an Kunst zugelassen wird. " So begeisterte der inzwischen emeritierte Pater Salmann bei der Documenta 2012 weit über eintausend Zuhörer mit seinem Vortrag zur Ausstellung der Balkenhol - Skulptur auf dem Glockenturm der St. Elisabeth Kirche in Kassel.

Und obwohl Esther Maria Magnis diesen Essay geschrieben hat, wäre sie nie auf die Idee gekommen, ihre Geschichte vom Glauben und seinen Abgründen zu erzählen. „Es hätte das Buch nicht gegeben, wenn ich nicht richtig danach gefragt worden wäre von Herrn Fest und noch zusätzlich von einer Autorenagentur. Und es hat mich ja auch vier Jahre meines Lebens gekostet," sagt sie, „denn ich musste mich wirklich ständig neu überwinden. Das Ganze war ja so etwas wie Kamikaze. Man macht sich schnell verwundbar, wenn man von sich erzählt, da musste ich erst eine Form beim Schreiben finden, die mich schützt und Distanz schafft."

Anders als ihre Erwartung kommt ihr Buch gut an, liegt schon in zweiter Auflage (2013) vor. Ob sie schon neue Buchpläne habe, frage ich zum Abschluss unseres Gesprächs. „Ja, schon", gibt sie zur Antwort, „aber meine Tochter ist ja nur drei Wochen nach Erscheinen des Buches geboren. Ich will jetzt erst mal Mutter sein."

Aber", sagt sie mit einem Lächeln, „Lust zum Schreiben verspüre ich schon manchmal. Aber dann will ich einfach mal schöne Sachen schreiben, vielleicht auch für Kinder."

Auf ein nächstes Buch darf man gespannt sein bei dieser Autorin.

Unser Gespräch fand im Februar 2013 statt. Inzwischen ist Esther Maria Magnis Mutter einer zweiten Tochter.

Ihr Buch ist ein enormer Erfolg geworden, die Hardcover-Ausgabe liegt in vierter Auflage, die Taschenbuchausgabe in zweiter Auflage vor. Außerdem wurde das Buch ins Niederländische und Portugiesische übertragen. Frau Magnis ist eine gern eingeladene Referentin und Leserin aus ihrem Buch.

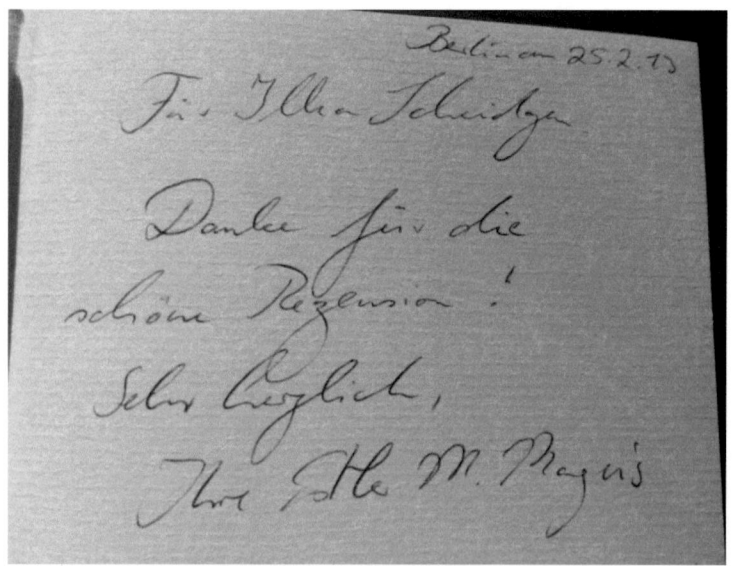

Und mehr als fünfzig größtenteils begeisterte Besprechungen bei amazon zeugen davon, dass entgegen manch oberflächlicher Meinung das

Interesse an religiösen Themen, wenn sie so authentisch vermittelt werden wie in dem Buch „Gott braucht dich nicht" von Esther Maria Magnis, gar nicht gering ist.

Besonders beeindruckend ist die Einschätzung des Theologen Robert Spaemann: „Seit Nietzsche kenne ich niemanden, der so erschütternd zeigt, welche Katastrophe es bedeutet, nicht an Gott zu glauben."

Marion Poschmann

Marion Poschmann

Die Schriftstellerin Marion Poschmann wurde am 15. Dezember 1969 in Essen geboren. Dort und in Mühlheim an der Ruhr besuchte sie die Schule. Sie studierte Germanistik, Philosophie und Slawistik in Bonn und Berlin.
Von 1997 bis 2003 unterrichtete Marion Poschmann im Rahmen eines deutsch-polnischen Grundschulprojektes.
Marion Poschmann schreibt Lyrik und Romane.
Ihr erster Roman „Baden bei Gewitter" erschien 2002, ebenso ihr erster Gedichtband „Verschlossene Kammern". Lyrik und Prosa nehmen in ihrem Werk eine gleich starke Position ein, wobei ihre Romane alle durch eine lyrische Sprache geprägt sind.
Marion Poschmann erhielt zahlreiche renommierte Preise und Stipendien so das Alfred-Döblin-Stipendium und das Villa-Massimo-Stipendium, für ihre Lyrik den Peter-Huchel-Preis und den Ernst-Meister-Preis.
Mit ihrem Roman „Die Sonnenposition", für den sie mit dem Wilhelm-Raabe-Preis ausgezeichnet wurde, war Marion Poschmann 2013 in der Shortlist zum Deutschen Buchpreis und mit ihrem Lyrikband „Geliehene Landschaften" 2016

in der Shortlist zum Buchpreis der Leipziger Buchmesse.
Zuletzt erhielt sie den 2017 erstmals ausgelobten „Deutschen Preis für Nature Writung".
Mit ihrem neuesten Roman „Die Kieferninseln" war sie wiederum Finalistin im Wettbewerb um den Deutschen Buchpreis 2017.

Marion Poschmann ist seit 2017 Mitglied der Deutschen Akademie für Sprache und Dichtung. Sie ist Mitglied im PEN sowie Mitglied der Akademie der Wissenschaften und Literatur in Mainz.

Die Sonnenposition

Im Jahre 2013 legte Marion Poschmann mit „Die Sonnenposition" ihren dritten Roman vor und erlangte damit viel Aufsehen.

Wird in dem Roman, der auf der Shortlist des Deutschen Buchpreises gestanden hat, eine richtige Geschichte erzählt? Die ließe sich jedenfalls in wenigen Sätzen zusammenfassen.

Ein junger Psychiater mit dem seltsamen Namen Altfried Janich arbeitet in einem ziemlich heruntergekommen, nach der Wende zur psychiatrischen Klinik ausgebauten barocken Ostschloss. Der Roman setzt mit dem Tod seines Jugendfreundes Odilo ein, mit dem er gemeinsam auf Erlkönigjagd gegangen war und der bis zum Schluss geheimnisvoll bleibt. Eine dritte Hauptfigur ist Altfrieds Schwester Mila, die ein ungeklärtes und vor ihrem Bruder verborgenes Verhältnis zu Odilo hatte. Da ist nicht allzu viel Handlung. Aber darum geht es der Autorin auch nicht.

Das Faszinierende an diesem außergewöhnlichen Roman ist gerade die Handlungsarmut und das trotzdem absolut Spannende. Marion Poschmann zieht den Leser mit ihrer nuancenreichen Sprache hinein in ein Gewirr und Geflecht von philosophischen Gedanken, ungewöhnlichen Metaphern und funkelnden Bildern, die dem Spiel mit Hell und Dunkel in Natur- und Seelenlandschaft virtuos entsprechen. In einzelnen Fallbeispielen aus der Wahnwelt der psychisch Kranken exemplifiziert Poschmann Biografien von Kranken, die uns einerseits verrückt vorkommen, zugleich aber seltsam vertraut.

Die Autorin versteht es, durch kluge Überlegungen ins Grundsätzliche vorzudringen. So bringt sie sogar einige explizite „Theorien" in dem Romangefüge unter, ohne dass der Text jemals verkopft wirkt. Zum Beispiel erzählt der Ich-Erzähler und Arzt Altfried Janich in „Die Schönheit des Staubs" von einem Patienten, dessen größter Wunsch ist, einen großen, alle Sphären umfassenden und die gesamte Weltgeschichte einschließenden Roman zu schreiben, „ein Roman, der alles einschloß, ein Roman, bildlich gesprochen, in Kugelform." Jedoch, „er ahnte, daß die Anlage des Ganzen falsch war, nicht schlecht, aber falsch. Deshalb fing er nicht an. Er schrieb nicht. Er bereitete sich vor."

Das ist nur ein kleines Beispiel für Marion Poschmanns subtilen Humor, der auch traurige, den Protagonisten und mit ihm auch den Leser bedrückende Tatsachen erträglich macht. Denn zuvorderst geht es in dem Buch um den Tod und darum, dass, wie es in „Theorie der Handlung" heißt, „der Skandal (darin) besteht, daß die Grenzen der Person verletzlich sind". Und wie

der Erzähler bei der Beerdigung seines Freundes sinniert, „das Faktum des Todes ein gemahnendes, an die eigenen Versäumnisse, mögliche Lieblosigkeiten, die ganze Hinfälligkeit" ist.
Und so sind auch die Gedanken des Seelenheilers Altfried grundsätzlicher Natur: „Heilen – wovon? Vom Aufgang und Untergang der Sonne, vom Licht, das morgens durch die östlichen Fenster auf die Tische fällt, seine unausweichliche Runde macht, abends von Westen kommt, fatalistisch, wachsam, unhintergehbar.(…) Als sei solches Warten die vordringliche Maßnahme einer Zeit, die den Körper bildet und ausformt, ein Warten auf die Zukunft, in der dieser Körper endlich seinen Platz einnehmen wird, ein Warten auf den schmalen, feuchten Ort, wo er zur Ruhe kommt."
Das klingt morbide, das klingt nach Resignation. Da scheint der Auftaktsatz des Romans „Die Sonne bröckelt" zu passen zu einer negativen Weltsicht, zu einem Fatalismus, der an Zukunft nicht glaubt, wenn schon zu Anfang der Protagonist Altfried sich vorkommt, „als schliefe ich in meiner eigenen Todesanzeige." Aber eine solche Annahme erweist sich als Irrtum.

Der Roman „Die Sonnenposition" lässt sich auf vielerlei Weise lesen: als Wenderoman (der

Rheinländer Altfried geht in den Osten, wobei die Defizite beider Systeme behandelt werden). Als Psychogramm zweier (Altfried und Odilo) schwieriger Charaktere, wobei der eine - äußerlich eine stabile und ausgeglichene Natur – seinen Patienten aus der „Sonnenposition" des wissenden Arztes Trost und Orientierung zu geben sich bemüht. Der andere – Odilo – von vorneherein als fragile und leicht exzentrische Figur angelegt, die sich von Beruf mit dem Leuchten von Lebewesen, der Biolumineszens, beschäftigt, und der bei einem rätselhaften Autounfall ums Leben kommt, weil er nachts ohne Licht fuhr.

Als weitere Lesart kann man die geschichtliche ausmachen, indem im Roman episodenhaft ein ganzes Jahrhundert beleuchtet wird: vom Schicksal der Großeltern des Erzählers, die in Polen von den Nazis vor den Augen ihrer beiden Kindern ermordet werden, von den beiden Kriegswaisen Johannes und Sidonia und ihrer Flucht aus der Heimat. Ihre erste Station: Schloss Sonnenstein, die ehemalige Heil-und Pflegeanstalt, die die Nazis zu einer Vernichtungsanstalt gemacht hatten, in der Abertausende Patienten als sogenanntes „unwertes Leben" getötet wurden. Sie kommen zu Verwandten im zerbombten Köln der Nachkriegszeit. Sidonia bleibt unverheiratet. Johannes gründet eine Familie. Der Ich-

Erzähler und seine Schwester Mila erleben eine behütete und zugleich spießige Kindheit.

„Im Raum stand die Forderung, glücklich zu sein, natürlich zu sein und normal. Wir kamen dieser Forderung klaglos nach…wir waren demonstrativ angepaßt." Als Leser riecht man förmlich den Mief der fünfziger Jahre. „Es sollte uns gut und besser gehen, und es ging uns besser. Wir verhielten uns artig. Uns fehlte nichts." Kein Wunder, dass Altfried ausschert mit seinem Berufswunsch „Irrenarzt", der dem schönen Schein ein Ende setzt. In diesem Roman muss so viel vom Leuchten und vom Schein und vom Licht die Rede sein, weil es auch um deren Nichtvorhandensein geht: um Schatten und Leere.

An dieser Stelle muss von der Zeit gesprochen werden. „Die Zeit existiert nicht. Wir stellen sie her, indem wir versuchen, uns zu erinnern…und daraus eine Vergangenheit konstruieren, die stattgefunden haben könnte." So etwas hat man durchaus schon woanders gelesen.
Doch plötzlich hört man den Sound der Lyrikerin Poschmann heraus: „Nun kreist die Sonne auf ihrer scheinbaren Bahn und bestimmt uns die Stunden. Wir beobachten ihre großen Bögen, Ornamentik des Raums, die den Nebel vertreibt."

Auch das ist das Besondere und Wunderbare im Roman, wie ihre lyrische Sprache die Prosa durchdringt. Der ganze Roman ist voll von Symbolen, Bildern, Vergleichen und Doppelbödigkeiten.
Dass es sich um einen äußerst bemerkenswerten, ja großartigen Roman handelt, attestieren der mit zahlreichen Preisen ausgezeichneten Autorin übereinstimmend alle wichtigen Feuilletons. Die *FAZ* sieht in „Die Sonnenposition" einen „virtuos gearbeiteten Roman, der in einer dunkel funkelnden Sprache die Ränder unserer Wirklichkeit ausleuchtet". Richard Kämmerlings spricht in der *Welt* von einer „großen Schriftstellerin, eine der modernsten, die wir haben.", und Sigrid Löffler resümiert in ihrer Besprechung des Romans im *Kulturradio Berlin:* „Die Sonnenposition erweist sich als einer der sprachmächtigsten und kunstvollsten Romane dieses Herbstes." Christoph Schröder in der *ZEIT* meint: „Sie schenkt der Welt ein inneres Leuchten".
Diesen Urteilen kann man sich ohne jede Einschränkung anschließen. Doch fällt eines auf: Sie alle haben eine, für mich die entscheidende, Ebene außer Acht gelassen, wenn man so will, die eigentliche Sonnenposition, nämlich die überirdische.

Was der Ich-Erzähler dem psychisch kranken Schriftsteller unter seinen Patienten in den Mund legt, darin sehe ich die eigentliche Intention der Schriftstellerin Marion Poschmann in diesem außergewöhnlichen Roman: „Darum werde es gehen in seinem Roman. Die irdischen Kopien himmlischer Systeme. Verschlungene Fäden. Schönheit des Staubs."
Eigenartigerweise fragt niemand der Rezensenten, woher dieses „innere Leuchten" stammt, das die Autorin zu zeichnen und dann zu verschenken in der Lage ist. Es gibt im gesamten Roman mehr als genug Hinweise auf das eigentliche Zentrum, aus dem die Suchbewegungen in vielerlei Richtungen laufen, bis ans Ende des Lichts oder auch ins Zentrum des Lichts.

Marion Poschmann bringt ihre eigenen Leuchtspuren so unauffällig im Text unter, dass man sie, wenn man diesen Subtext nicht erkennt, leicht überlesen kann. Nur ein Beispiel möchte ich anführen. In dem Kapitel „Auerhähne" gehen Altfried und Odilo wieder einmal auf Erlkönigjagd" (Der Erlkönig ist die uns aus Goethes gleichnamigen Gedicht bekannte mythische Gestalt als Todessymbol. Heute bezeichnet man damit Prototypen von Autos, die im Freien unter Tarnung im Geheimen getestet werden.)

Diesmal nicht in den unzugänglichen Wäldern der Eifel, sondern am Rande einer Riesengrube des Braunkohletagebaus. Ein Kabinettstück, wie die Autorin diese surreale Landschaft beschreibt: „Schwarz und stumm lag das Flöz, speicherte unvorstellbare Zeitmassen; jetzt nagten die Bagger an dieser Zeit, zermalmten den Boden, der unsere Vergangenheit war. Feuchtkalte Bauernhöfe ringsum, klamme Dörfer, platte Felder. Vor uns die schnöde Kohlegrube. Wir am Rand." Das ist so sinnlich beschrieben, das einem förmlich fröstelt. Und dann folgt dieser ganz unauffällige Schwenk zuerst ins Allgemeine und dann ins Besondere (kursiv,I.S.): „Tagebau, das Erzeugen von Leere bei Tag und bei Nacht. Am hellichten Tag, in erleuchteter Nacht, pausenlos wurde Erdgeschichte vernichtet. Die Grube erstreckte sich bis zum Horizont, und sie rückte in der Fläche bedrohlich vor. *O daß mein Sinn ein Abgrund wär. Und meine Seel' ein weites Meer. Daß ich dich möchte fassen.*"

Man kann dies natürlich einfach nicht beachten. Nur wenn man diesen „Subtext" kennt, wenn man weiß, dass es sich um Verse von Paul Gerhard handelt aus seinem Gedicht „Ich steh' an deiner Krippen hier" und die zum Zitat gehörende Strophe so beginnt „Ich lag in tiefster Todesnacht / Du warest meine Sonne", dann weiß man, dass dies kein Zufall ist. Und plötzlich gewinnt die Sonne eine ganz andere Dimension. Jedoch, Marion Poschmann ist eine Meisterin des Verwirr- und Versteckspiels, und ebenso wie ihre Helden tarnt sie sich gut. Man muss diese von mir herausgearbeitete Lesart auch nicht berücksichtigen. Ein wirklicher Genuss geistiger und sprachlicher Tiefe und Vielschichtigkeit ist die Lektüre auf jeden Fall. Ich kann nur empfehlen, sich mit dieser ungewöhnlichen Schriftstellerin zu beschäftigen. Wenn man die Schönheit von Sprache liebt. Wenn man gerne geheimen Verweisen folgt und sich urplötzlich mitten in einem Roman in der Mystik wiederfindet „Und du, meine Seele, ein Ort ohne Maß", „doch du, meine Seele, nimm nicht die Last von mir, denn ich bin die Last." Oder wenn man der Hektik der Zeit einfach mal entfliehen will mit Gedanken wie diesem: „Das Ich im Zentrum der Ortlosigkeit ist so ungewiß wie der Ort Gottes."

Auch wenn der Roman „Die Sonnenposition" davon handelt, dass wir hier auf Erden schwerlich zu einer wirklichen Erkenntnis des Ganzen oder des Göttlichen oder nur des Sinns unseres Lebens gelangen können, ermuntert uns Marion Poschmann: *„wie die gerade geborenen Kinder...seid begierig nach der Milch der Vernunft* *und der Lauterkeit, Halleluja, und erinnert euch an die neue Geburt, die wir durch Wasser und Geist erfahren,* durch den ewigen Wellenschlag der Wahrheit, durch die frei wehende, brausende, dahinstürmende Güte, die sprühende Gischt des Schönen."

Es ist wohl eine spezifische Gabe, wie Marion Poschmann Worte des Apostels Petrus (kursiv, I.S.), den sie aber nicht benennt, mit ihren eigenen ergänzt und das Ganze zum Leuchten bringt. Wer wollte einer solchen Einladung nicht gerne folgen?

Gespräch mit Marion Poschmann

Es hat einige Zeit gedauert, bis wir einen Termin für unser Gespräch gefunden haben. Auf Grund ihrer Veröffentlichungen und Preisverleihungen war die Autorin viel auf Lesereisen. Aber dann, im Frühjahr 2016, hat es doch endlich geklappt. Marion Poschmann hatte ein Treffen in ihrem Stammcafé „Kaffeeraum" in ihrer Straße vorgeschlagen.

Auch einen Spaziergang im benachbarten Volkspark Friedrichshain hatten wir im Vorfeld unserer Verabredung erwogen.

Als wir uns zur verabredeten Zeit am Café treffen, ist dies am Vormittag bereits gut besucht, besonders von jungen Familien mit Kindern, so dass die Geräuschkulisse für unser geplantes Gespräch dort zu groß ist und wir ein paar Schritte entfernt ein ruhigeres Café finden.
Passender könnte die Kulisse nicht sein für das Treffen mit Marion Poschmann im Bötzowviertel in Berlin Mitte in unmittelbarer Nähe zum Volkspark Friedrichshain: japanische Kirschbäume in voller Blüte in dem mit Gründerzeithäusern bestandenen Wohnviertel. Ein Kiez, der

sich in den letzten Jahren mächtig herausgeputzt hat.

Ein Reisestipendium des Goetheinstituts führte sie nach Japan, das die Autorin, die seit einiger Zeit mit ihren hochgelobten Gedichten und Romanen von sich reden macht, sehr beeindruckt hat.

Gedanken über die japanische Gartenkunst haben ihrem im März 2016 erschienenen jüngsten Gedichtband den Titel „Geliehene Landschaften" verliehen. Es handelt sich um ein traditionelles ostasiatisches Stilelement in der Gartengestal-

tung, bei der eine Szenerie außerhalb als wesentliches Element des Gartens einbezogen wird.
Marion Poschmann liebt Gärten und Parks. Deshalb hatte sie auch einen Spaziergang im Volkspark Friedrichshain vorgeschlagen.

Die 1969 in Essen geborene vielfach preisgekrönte Lyrikerin, Autorin von Romanen und Essays sowie Lehrstuhlinhaberin poetischer Dozenturen lebt seit ihrem Studium in Berlin, hat die aufregende Zeit nach der Wende hautnah miterlebt. Den in Aussicht genommenen Spaziergang im Park müssen wir in Anbetracht eines

Apriltages, wie er seinem Namen alle Ehre macht – mit Regen und Graupelschauern und nur kurzen Sonnenabschnitten – ausfallen lassen. Auch mit der Wahl eines für unser Gespräch geeigneten Cafés haben wir Schwierigkeiten, bevor wir in dem Café mit dem Urberliner Namen „Knorke" einen ruhigen Platz finden.

Marion Poschmann stand jüngst mit ihrem Gedichtband „Geliehene Landschaften" als einzige Frau und als einzige Lyrikerin in der Shortlist zum Leipziger Buchpreis. Und obwohl sie nicht damit rechnete, dass nach der erstmaligen Preisverleihung für einen Lyrikband 2015 (an Jan Wagner) noch einmal Lyrik ausgezeichnet werden würde, war sie doch sehr aufgeregt, wie sie mir erzählt.

Das verrät viel von der Sensibilität dieser Autorin. Das Gedicht, sagt sie, sei das ideale Medium, über existentielle Themen zu sprechen, da nämlich, wo das logische Denken an seine Grenzen stößt.

Und damit sind wir schon beim Thema. In einer ruhigen Ecke im Café Knorke können wir uns gut unterhalten, und auch die leisen Töne einer sensiblen Dichterin gehen nicht unter. Dieser Autorin geht es in ihrem Schreiben um Existentielles: um Wahrheit, um Stille, um Leere, um Schönheit, um Sprache als Ausdrucksmittel spiritueller Zusammenhänge. Marion Poschmann hat offenbar eine starke Affinität zur Zeit des Barock.

Sie macht mich aufmerksam auf das berühmte Gedicht „Kirschblüte bei der Nacht" des Barockdichters Barthold Hinrich Brockes: „ Ich sah mit betrachtendem Gemüte / jüngst einen Kirschbaum, welcher blühte, / in kühler Nacht beim Mondenschein; / .../ Wie sehr ich mich an Gott im Irdischen ergötze, / dacht ich, hat er dennoch weit größre Schätze. / Die größte Schönheit dieser Erden / kann mit der himmlischen doch nicht verglichen werden."

In ihrer eigenen Dichtung macht Marion Poschmann Unmögliches möglich, so in ihrem Gedicht „Beim Anblick des Fuji": „Ich sah seine Vorderseite und sah / seine Rückseite zur gleichen Zeit." Und führt dazu aus: „Du möchtest dich gegenläufig zu allem bewegen, was kommt. Du schreibst nicht weiter. Du weißt nicht mehr, wer du bist, du erscheinst dir ganz neu. Und die Landschaft beginnt noch einmal von vorn."
Das habe viel mit Kontemplation zu tun, sagt sie in unserem Gespräch. Man erschaffe dabei eine Leere, in sich und um sich. Und die ermögliche eine ganz andere, tiefere Erkenntnis. „Landschaft, o Sprachpanorama / des Logos creator. Landschaft, halbierte, in Vorder- und Rückseite". Nur Dichtung gelinge es, so Poschmann in ihrem Band „Mondbetrachtung in mondloser Nacht" (2016), das Unmögliche zu vollbringen: „Sie evoziert Bilder im Raum, hält die flüchtige Welt für Momente fest, läßt das Unsichtbare sichtbar werden", und das in einem Raum, den es vorher nicht gab. Marion Poschmann stimmt mir zu, als ich sage, das sei mit der Mystik vergleichbar.
In dem Gedicht „Schierklar" spricht sie von einem „Heimweh nach Eden". Und man spürt auch die Anstrengung, die Einsamkeit, die ein solcher Weg mit sich bringt.

„Leer werden. Leere ertragen. Die Leere verstehen...Ein Park ohne Ausgang...Jeder Park voll Vertriebener, Heimweh nach Eden. / Die Leere

und ihre Vergehen. So rede, Leere, ich sehe / dich nicht."
Elegien und Lehrgedichte hat sie ihre neueste Gedichtsammlung genannt, lyrische Formen mit Wurzeln in der Antike - wie aus der Zeit gefallen. Und sie bestätigt selbst, dass man heute eigentlich so etwas nicht mehr schreibe. Lehrgedichte, das klinge so nach Pädagogik, nach Didaktik. Aber mit Lehrgedichten sei man als Autor ja auch selbst gemeint, dass man selbst etwas lerne beim Schreiben. Denn zunächst schreibe man immer für sich selbst. Denn immer sei da die Frage: Was ist das Ich? Wohin zielt es? Und die Sehnsucht, der Wahrheit näher zu kommen. Um diese *poetische Erkenntnis* gehe es.
Marion Poschmann hat sich schon früh für Sprache interessiert. Während der Schulzeit hat sie neben den üblichen Fremdsprachen – Englisch, Französisch, Spanisch – auch noch Russisch gelernt, was im Westen damals eher unüblich war. Daraus ergaben sich dann auch ihre Studienfächer Germanistik, Philosophie und Slawistik.
Schriftstellerin war, wie sie mir erzählt, eigentlich immer schon ihr Wunschberuf. Nur habe sie sicherheitshalber zunächst auf Lehramt studiert. Mit einer Arbeit über die Lyrikerin Friederike Mayröcker habe sie ihr Studium abgeschlossen, danach noch mit einer Promotion begonnen, die-

se aber „sausen" lassen, als sich Erfolg nach den ersten beiden Buchveröffentlichungen einstellte. Es „hagelte" dann ein regelrechter Preis- und Stipendiensegen.
Trotzdem hat Marion Poschmann sechs Jahre lang – von 1998 bis 2004 – nebenher als Lehrerin gearbeitet. Und zwar, das war ihr wohl ein besonderes Anliegen, in einem Projekt der deutsch-polnischen Völkerverständigung, bei dem sie eine polnische Grundschulklasse betreute und mit einer deutschen Grundschulklasse Austausch und Zusammenarbeit pflegte. „Da war am Anfang noch viel Vorbehalt", erzählt sie mir, „auf beiden Seiten, besonders aber seitens der deutschen Eltern." Doch mit der Zeit habe sich das gut entwickelt, und es sei wirklich viel für ein gegenseitiges Verständnis dabei herausgekommen.

Ihre Kenntnis der russischen Sprache hat sie auch bei einer Reise nach Russland gut gebrauchen können, ein literarisches Projekt, das sie in die tiefsten Weiten bis zum Ural, an die Schnittstelle von Europa und Asien führte und das sie im Roman „Schwarzweißroman" verarbeitete.
Der Roman erschien 2005, stand auf der Longlist für den Deutschen Buchpreis und wurde mit dem Literaturpreis Ruhrgebiet ausgezeichnet. Für

Poschmann ist nicht nur die Natur von ihrer Schönheit bedeutend, sondern damit verbunden die Gefahr, die ihr durch Ausbeutung, Verschandelung und Zerstörung droht.

Irgendwie passt seltsamerweise ein Spruch im Fenster direkt neben dem Café Knorke ganz gut zu solchen Gedanken: „Um glücklich zu werden, müssen wir entweder die Welt ändern oder aber unser Leben. Es ist einfacher, unser Denken zu ändern."
In diesem bedrückenden Roman wird das besonders deutlich. In der auf dem Reißbrett aus dem Nichts konstruierten Stadt Magnitogorsk mit

dem weltweit größten Stahl- und Eisenkombinat und in deren Umgebung findet eine der größten Umweltverschmutzungen und Naturzerstörungen statt. Die Reise der jungen Ich-Erzählerin in diese gespenstische Gegend dient vordergründig dem Besuch ihres dort als Ingenieur arbeitenden Vaters. Ähnlich wie in der „Hundenovelle" (2008) entwirft Marion Poschmann sprachgewaltige halluzinatorische Landschaften, die den Leser frösteln lassen.

In der „Hundenovelle" gewinnt die Autorin allerdings den schäbigen Brachen einer ausfransenden Großstadt sogar Tröstliches und Schönes ab. Ein Hund, der der Erzählerin zuläuft und sich nicht mehr abschütteln lässt, wird für sie zur Projektionsfläche ihrer unartikulierten unbewussten Sehnsüchte. „Mein bisheriges Leben kam mir erschreckend vorläufig vor, ein einziges Warten darauf, daß das wirkliche Leben endlich begann."

„Ich wollte mich von allem abkehren, eine Art äußerstes Alleinsein erreichen. Eine asketische Relativierung von Zeit, Raum, Logik. (…) Ein baumbestandenes Gelände: es wären Bäume der Erkenntnis, selbstverständlich. Erkenntnisse über das unheimliche Vergehen der Zeit. Über die Macht der Landschaft, der man unterworfen ist, die die Handlungen steuert, die Vögel bewegt, die Räume wachsen läßt. Über etwas, was hätte verborgen bleiben sollen, aber plötzlich in Erscheinung tritt."

Unmittelbar anschließend wird vom Mönch von Heisterbach erzählt, wie er sich in Wäldern erging und „daß er von Gott und dem unermeßlichen Weltall träumte, daß er Gott nah war wie nie zuvor."

Es ist schon seltsam und bemerkenswert, dass von allen Lobrednern und Rezensenten niemandem aufgefallen sein will, wie wichtig der Autorin und Dichterin Marion Poschmann das Spirituelle, das Religiöse für ihr Werk, in ihrem Werk ist.
Deshalb hat es mich gefreut, bei unserer Begegnung in Berlin von ihr zu erfahren, dass sie mit meiner Interpretation ihres Romans „Die Sonnenposition" einverstanden sei und sie es wichtig gefunden und sie gefreut habe, dass jemand diesen Aspekt in ihrem Werk erwähnt habe.

Marion Poschmann
Die Sonnenposition
Roman

*Für Ilka Scheidgen
mit herzlichem Dank
für die tiefgehende Lektüre
und die schöne Interpretation!
Marion Poschmann
Berlin, 27. 4. 2016*

Suhrkamp

Man muss in der Tat manchmal das Gefühl haben, an das letzte Tabu unserer Zeit zu rühren, wenn man von Religion, gar unverstellt von Gott spricht. Noch ohne manche direkten Aussagen in ihren Büchern zu kennen, habe ich den inneren Bezug, die Wichtigkeit, die Gott für diese scheue Autorin spielt, aus versteckten Anspielungen herausgespürt, die in meinen Augen entscheidende Ebene, die alle anderen außer Acht gelassen haben.

Es ist, wenn man so will, die eigentliche Sonnenposition, nämlich die überirdische. Es gibt im gesamten Roman „Die Sonnenposition" (2013), der sowohl mit dem Wilhelm Raabe-Preis ausgezeichnet wurde als auch auf der Shortlist des Deutschen Buchpreises stand, mehr als genug Hinweise auf das eigentliche Zentrum, aus dem die Suchbewegungen in vielerlei Richtungen laufen, bis ans Ende des Lichts oder auch ins Zentrum des Lichts.

Ein unbedingt lesenswertes Buch, handelt es im Grunde davon, was Karl Rahner einmal formulierte „Glauben heißt, die Unbegreiflichkeit Gottes ein Leben lang aushalten." Bei Poschmann klingt es so: „Das Ich im Zentrum der Ortlosigkeit ist so ungewiß wie der Ort Gottes."

Melancholia, die man aus ihren Texten herausspürt, so werde ich von Marion Poschmann in unserem Gespräch aufgeklärt, habe man im Mittelalter auch Mönchskrankheit genannt. Paul

Gerhardt dichtete einst: „Ich lag in tiefster Todesnacht / Du warest meine Sonne. / *O daß mein Sinn ein Abgrund wär. Und meine Seel' ein weites Meer. Daß ich dich möchte fassen.*" Der zweite Teil (kursiv) findet sich in der „Sonnenposition". Nur wenn man den ersten Teil kennt, versteht man, wen Marion Poschmann mit der Sonne meint.

Noch reicht die irdische Sonne für ein Foto vor japanischen Kirschen, bevor Hagel losbricht.

Berlin sei eine sehr spannende Stadt, hatte mir Marion Poschmann noch im Trocknen des Caféraums erzählt. Aber manchmal träume sie von einem naturverbundeneren Leben, vielleicht auf einem Bauernhof im Umland von Berlin.

„Geliehene Landschaften" und „Mondbetrachtungen in mondloser Nacht"

Zwei neue Bücher sind in diesem Frühjahr (2016) von der 1969 in Essen geborenen und in Berlin lebenden Autorin Marion Poschmann erschienen. Ein Gedichtband mit dem Titel „Geliehene Landschaften" und ein Band mit Essays, Vorträgen, Dankreden, einem Band über Dichtung also, „Mondbetrachtung in mondloser Nacht" betitelt. Es handelt sich um Betrachtungen, die die Autorin, zunächst flüchtig wie japanische Pinselstriche aufgezeichnet, zu verschiedenen Anlässen ausgearbeitet hat, wie sie im Vorwort festhält.

Beide Bücher ergänzen sich trefflich. Vielleicht sollte man zuerst die wirklich beachtenswerte Lyrik dieser mittlerweile vielfach ausgezeichneten Dichterin auf sich wirken lassen. Erstaunlich fand sie die Tatsache, wie sie im Gespräch mit mir erwähnte, dass sie es mit ihrem Lyrikband in die Shortlist des Leipziger Buchpreises geschafft habe, obwohl doch bereits vor einem Jahr mit Jan Wagners „Regentonnenvariationen" erstmals ein Gedichtband den ersten Preis gewann. Vielleicht ist dies tatsächlich ein Zeichen dafür, wie Marion Poschmann in einem Messegespräch mit 3sat äußerte, dass die Menschen sich wieder mehr danach sehnen, die Wahrheit zu erfahren, über das Leben, das Ich nachzudenken, sich mit etwas Existentiellem auseinanderzusetzen.

Ob das wirklich schon ein vermehrter Trend ist - Lyrikleser bewegen sich immer noch in der Ein-Prozent-Kategorie - wird man nicht schlüssig beantworten können. Wichtiger erscheint, dass es mit Marion Poschmann eine literarische Stimme gibt, die ob ihrer Sprachmächtigkeit und -intensität aufhorchen lässt. Und noch interessanter ist die Tatsache, die sie im Gespräch bestätigt, dass ihre Dichtung sich mit den großen existentiellen, im eigentlichen religiösen Fragen beschäftigt: wer sind wir, wohin gehen wir?

Nur drängt sich das überhaupt nicht vordergründig auf, ein solches Fragen. Deshalb kann man es gut überlesen. Stattdessen beschmückt Marion Poschmann mit ihrer bildreichen Sprache auch noch trostlose Plattenbauten - wie im Zyklus „Kindergarten, Lichtenberg". „Plattenbaulaub. Wir wachsen auf im / betongewordenen Trost der Bäume, hinter den / blätternden Flächen mit ihren Verästelungen / ins Leere, mitten im Schatten der Krone, der Schwärze/ der Referenz."

Marion Poschmann hat ihrem Gedichtband „Geliehene Landschaften" den Untertitel „Lehrgedichte und Elegien" gegeben, eigentlich ganz unmoderne Bezeichnungen, wie sie einräumt.

Die seien auch augenzwinkernd gemeint, denn zuerst sei der Dichter es selbst, der beim Verfassen von Gedichten etwas lerne. Denn, so beschreibt sie es im Vorwort zur „Mondbetrachtung", Literatur sei der Ort, der das Individuum über sich selbst aufklärt. Und nur ihr gelinge es, das Unmögliche zu vollbringen: „Sie evoziert Bilder im Raum, hält die flüchtige Welt für Momente fest, läßt das Unsichtbare sichtbar werden. Aber das erstaunlichste dabei ist, sie stellt Bilder in einen Raum, den es vorher nicht gab. Und sie läßt uns umgekehrt fragen, in welchem Raum eigentlich das stattfindet, was wir für unsere Alltagswelt halten."

"Du hast den Nachmittag mit der Suche / nach schönen Gelehrtensteinen für deinen / Schreibtisch verbracht. Wirf abends / den einzig geeigneten Stein in den See, / merk dir die Stelle, wo er versinkt, und warte / ein paar hundert Jahre." (Gartenplan)

In ihrem neuen Gedichtband hat sich die Lyrikerin neun mal neun Landschaften geliehen, inspiriert von tatsächlich bereisten Orten und Landschaften aus Japan oder Finnland, Russland oder Amerika. „Geliehene Landschaften", dabei handelt es sich um ein traditionelles ostasiatisches

Stilelement in der Gartengestaltung, bei der eine Szenerie außerhalb als wesentliches Element des Gartens einbezogen wird.

Gleich im ersten Gedicht „Bastard" zeigt uns Poschmann, was sie mit Sprache machen kann, nämlich eine Welt erschaffen: „Sumpfländereien...Wäsche verblüht im Wind. Jemand bricht fliederfarbenen Flieder / im Stadtpark und trägt ihn zum Bus. Ein utopisches Spiel. / Die Gewänder des Logos sind abgeworfen...Landschaft, o Sprachpanorama / des Logos creator. Landschaft, halbierte, in Vorder- und Rückseite. / Wie der

Raum nachgibt und Dinge hervorlockt: Dauerwald. Freiflächen. / Vormals und jetzt."
Dass Poschmann sich Gärten und Parks anverwandelt, sie dichterisch gestaltet und bearbeitet, eben wie in der japanischen Gartenkunst der geliehenen Landschaft, macht aus dem Leser einen Flaneur in eben diesen Landschaften, bis es auch ihm so ergeht wie der Dichterin: „Du weißt nicht mehr, wer du bist, du erscheinst dir ganz neu. Und die Landschaft beginnt noch einmal von vorn."

Denn dann kann beginnen, was in dem Gedicht „Schierklar" formuliert ist: „Heimweh nach Eden…Leer werden. Leere ertragen. Die Leere verstehen. / Gott nicht mehr ertappen wollen beim Schaffen des Gartens…Ein Park ohne Ausgang…Jeder Park voll Vertriebener, Heimweh nach Eden./ Die Leere und ihr Vergehen. So rede, Leere, ich sehe/ dich nicht."

Im Gespräch mit mir stimmte sie zu, dass diese spezifische Leere mit der Mystik vergleichbar sei. „Ja, es geht darum, durch eine Zeit der Trockenheit zu gehen, durch und in die Leere hinein. Je tiefer man in diese Leere geht, je mehr man leer wird von sich selbst, desto mehr kann man auch in die Nähe Gottes kommen."
Und noch immer und trotz so vieler Lobpreisungen ihres Werkes wird weithin ausgeklammert, wie wichtig der Dichterin Marion Poschmann das Spirituelle, das Religiöse in ihrem Werk ist. Mit meiner Interpretation ihres Romans „Die Sonnenposition" (Rezension in „Die Tagespost" vom 24.12.2013) war sie sehr einverstanden, und es habe sie gefreut, dass jemand diesen Aspekt in ihrem Werk erwähnt habe.

Auch der Tod ist weitgehend ein Tabuthema. Marion Poschmann widmet ihm unter dem Kapitel „Über Schönheit" in „Mondbetrachtungen" einen eigenen Abschnitt: „Daß wir sterblich sind, ist ein Skandal und ein Ärgernis, daß wir leben, ist ebenfalls ein Skandal und ein Rätsel, aber wenn sich ein Roman, der schöne Roman damit befaßt, …geht es um die Kunst, diese verdrängten Tatsachen in die Gegenwart des Lesers zu bringen…Der schöne Roman zieht ihm den Boden unter den Füßen weg. Aber er läßt dieses Ich nicht fallen, sondern schweben."

So handelt Poschmanns Dichtung von der Unvollkommenheit der Welt, von Licht und Schatten, Sonne und Nacht und dem Tod als geheimem Zentrum, als leere Mitte. In dem Aufsatz „Hortus conclusus" über das Stift Fischbeck und seine Gärten, dem ein Gemälde „Madonna auf der Mondsichel" von 1456 voransteht, verweist Poschmann wie auch in ihrem Gedicht „Schierklar" auf den Garten Eden. „Der Hortus conclusus ist ein Bild der Innerlichkeit, eine Geisteshaltung…Stille muß geschaffen werden, Stille ist, wie die Schönheit, nicht einfach da, sondern eine Leistung des Subjekts."

Da aber heutzutage nur wenigen ein solcher Ort der Innerlichkeit zur Verfügung steht, da wir bedrängt sind vom Lärm und der Unschönheit, hält Marion Poschmann eine Geisteshaltung für angebracht, die auch im Häßlichen das Schöne finden lässt. Auf den Brachflächen blühen Blumen und Beeren wie in den kultivierten Gärten. „Wer will, spürt hier ebenso eine spezifische Stille, wie sie die Gartenanlagen des Damenstifts durchdringt. Es hängt davon ab, wo man sie sucht. Sie ist überall."

Ganz ähnlich formulierte es schon das klassische Gartenhandbuch Chinas von 1631, das Poschmann im Anhang der „Geliehenen Landschaften" zitiert. Es komme darauf an, von den Gegebenheiten den richtigen Gebrauch zu machen. Dann lässt sich auch auf kleinstem Raum die ganze Weite und Kraft der Natur evozieren.

Und was für die Gartenkunst gilt, gilt gleichermaßen für Dichtung und das Leben überhaupt. „Ich sah seine Vorderseite und sah / seine Rückseite zur gleichen Zeit" heißt es in dem Gedicht „Beim Anblick des Fuji". Das allerdings vermag nur Poesie. Schön, wenn man sich solchen Erfahrungen überlassen kann.

„Die Kieferninseln"

Die Lyrikerin und Prosaautorin Marion Poschmann scheint mit ihren Büchern Preise anzuziehen wie ein Magnet. Schon wieder steht sie mit ihrem neuesten Roman „Die Kieferninseln" in der Shortlist zum Deutschen Buchpreis 2017.
Die Autorin gehörte 2016 mit ihrem Gedichtband „Geliehene Landschaften" zu den Finalisten des Leipziger Buchpreises. Und 2013 stand sie mit ihrem vorigen Roman „Die Sonnenposition" schon einmal in der Shortlist des Deutschen Buchpreises. Es handelt sich bei ihr um eine Ausnahmekünstlerin, doppelt begabt in der Lyrik und in der Prosa, die sich in ihrer jeweiligen Intensität gegenseitig zu befruchten scheinen.

Poschmanns Dichtung handelt von der Unvollkommenheit der Welt, von Licht und Schatten, Sonne und Nacht und dem Tod als geheimem Zentrum, als leere Mitte. Dass Poschmann sich in Gedichten Gärten, Parks und Landschaften ebenso anverwandelt, sie dichterisch gestaltet und bearbeitet wie in der japanischen Gartenkunst der *geliehenen Landschaft*, so nun in ihrem Roman „Die Kieferninseln", macht aus dem Leser einen Flaneur in eben diesen Landschaften, bis es auch ihm so ergeht wie der Dichterin: „Du weißt nicht mehr, wer du bist, du erscheinst dir ganz neu. Und die Landschaft beginnt noch einmal von vorn." Denn dann kann beginnen, was sie in dem Gedicht „Schierklar" formuliert hat: „Heimweh nach Eden... Leer werden. Leere ertragen. Die Leere verstehen./ Gott nicht mehr ertappen wollen beim Schaffen des Gartens... Ein Park ohne Ausgang... Jeder Park voll Vertriebener, Heimweh nach Eden./ Die Leere und ihre Vergehen. So rede, Leere, ich sehe/ dich nicht."

In unserem Gespräch, das ich 2016 mit ihr geführt habe, sagte sie über den Vergleich von Leere und Mystik: „Ja, es geht darum, durch eine Zeit der Trockenheit zu gehen, durch und in die Leere hinein. Je tiefer man in diese Leere geht, je mehr man leer wird von sich selbst, desto mehr kann man auch in die Nähe Gottes kommen."

Nun hat sie sich noch einmal die japanische Welt vorgenommen, diesmal in einem Roman. Marion Poschmann war 2014 drei Monate lang Stipendiatin des Goethe Instituts in der Villa Kamogawa im japanischen Kyoto und hat dabei die Insel kennen und lieben gelernt.

Marion Poschmann verwendet in ihrem neuen Roman „Die Kieferninseln" die auktoriale Erzählform, obwohl man beim Lesen die ganze

Zeit das Gefühl hat, hier erzählt jemand in der Ich-Form. Das liegt wohl daran, dass der Hauptprotagonist Gilbert Silvester, obwohl es sich bei ihm um eine höchst eigenwillige Persönlichkeit handelt, einem seltsam vertraut vorkommt.

Das Geschehen wird in Gang gesetzt durch einen Traum. „Gilbert Silvester hatte geträumt, dass seine Frau ihn betrog." Und obwohl er weiß, dass es sich um einen Traum und nicht um die Wirklichkeit handelt und dass dieser Traum nur eine unmissverständliche Warnung des Unbewussten an ihn, Gilbert Silvester, war, macht er sich fluchtartig auf einen Weg, der ihn so weit wie möglich „weg von allem, mit dem er sich jemals vertraut gemacht hatte", führen sollte. Nämlich nach Japan, direkt in das ihm Unvertrauteste.

Ihrem Roman „Die Kieferninseln" stellt Marion Poschmann ein Motto des japanischen Dichters Matsuo Bashô (1644-1694) voraus: „Willst du etwas über Kiefern wissen - geh zu den Kiefern." - Genau das wird der Protagonist Silvester tun. Wohl nicht von ungefähr trägt er diesen Namen, der das Ende von etwas und den Anfang von etwas Neuem beinhaltet. Dazu begibt er sich in das Unvertrauteste, das ferne Land Japan, um sich dort in der Ferne selbst in die Seele schauen zu können, um zu ergründen, was es mit diesem

Neuen auf sich hat. Denn sein bisheriges Leben an der Seite seiner Ehefrau Mathilde, als Geisteswissenschaftler und Privatdozent nur mäßig erfolgreich, scheint ihn nicht auszufüllen. Seine grotesk anmutende Kurzschlusshandlung, sich mit dem erstbesten Flugzeug in eine unbekannte Welt zu begeben, ist vielleicht ebenso absurd wie sein Forschungsgebiet, nämlich die Wirkung von Bartdarstellungen: „*Bartmode und Gottesbild* lautete sein Themenschwerpunkt, den er je nach Tagesform als enorm ergiebig, ja elektrisierend, oder aber als vollkommen absurd und zutiefst deprimierend empfand."

Marion Poschmann gelingt die Schilderung einer Reise quer durch Japan, hin zu den schönsten Orten auf dieser Insel, Orten von „zernagender Schönheit" bis in den hohen Norden nach Matsushima, dem eigentlichen Ziel, der Bucht mit den Kieferninseln. Es ist eine Reise auf den Spuren des Dichters Matsuo Bashô, der diese Reise im 17. Jahrhundert zu Fuß unternommen hatte, auch er auf den Spuren eines noch älteren klassischen Dichters Saigyo, 500 Jahre vor Bashô. Bashôs Reise war auch eine geistige in die innere Landschaft des Bewusstseins.
Gilbert Silvester, obwohl selbst schon ein Ritter von der traurigen Gestalt, erhält während seiner

Reise einen noch traurigeren Gefährten, den Studenten Yosa Tamagotchi, der aus Prüfungsangst und der Sorge, seinen Eltern Schande zu bereiten, Selbstmord begehen will. Silvester fühlt sich fortan für den Studenten verantwortlich und setzt alles daran, ihn von seinem Vorhaben abzuhalten. Und während die beiden zu den verschiedenen Stationen ihrer Reise unterwegs sind, vollzieht sich in Silvester fast unmerklich eine Transformation vom Getriebenen zum bewusst Reisenden, von der Oberfläche in die Tiefe.

In diesen Beschreibungen begegnet man dem, worum es Marion Poschmann im Eigentlichen geht. Wie schon in ihrem Roman „Die Sonnenposition" und in ihrem letzten Gedichtband „Geliehene Landschaften" existiert auch in diesem neuen Roman „Die Kieferninseln" eine Metaebene, ein Subtext, die das ganze Geschehen im Roman durchleuchten. Manchmal bringt Poschmann diese als Reflexionen in Briefen von Silvester an seine Frau Mathilde unter: „In der ostasiatischen Kultur genießt die erhabene Tiefe einen hohen Stellenwert. Das Tiefe, heißt es, ist unauffällig, es ist nicht dies und nicht das, es ist weder laut noch grell, es ist von solch ausgeglichener Zurückhaltung, daß der wenig empfindsame Mensch, zumal der aus dem Ausland, kaum Gelegenheit hat, es überhaupt zu bemerken."

Genau diese Beschreibung könnte man auf das Verfahren Marion Poschmanns beziehen, das Tiefe, das Wesentliche eines Textes, unauffällig in eine vordergründig humoresk und unterhaltsam erscheinende Geschichte einzubauen. Weiter heißt es: „Niemals spielt es sich in den Vordergrund, aber den Hintergrund bildet es auch nicht, dazu ist es zu wichtig. Ist es etwas dazwischen, ist es bedeutend? Ist es geheim? All das ist es nicht. Es ist ohne Farbe und ohne Geschmack, es ist ohne klare Ausprägung; es ist subtil, es ist möglicherweise dem verbunden, was auch in der westlichen Tradition erhaben genannt wird. Nur äußert es sich nicht in Macht und Gewalt, erlebt man es nicht in der Maßlosigkeit, nicht in Größe oder Überwältigung. So erfährt man es nicht in kühnen, überhangenden, gleichsam drohenden Felsen usw., sondern vielmehr in der ruhigen Betrachtung von ödem Schilfland oder trockenem Herbstgras, in einer Natur ohne besonderen Blickfang, in einer Landschaft der Leere und Melancholie. Doch ob Sumpf oder Gras oder Bambus am Ende den kontemplativen Gegenstand bilden, entfärbtes Laub, ein nebliges Feld oder wolkenverhangene Berge – gefragt ist letztendlich eine Geisteshaltung, die imstande ist, das Tiefe überall zu sehen. Denn es bildet, so heißt es, den Grund der Erscheinungen. Und so kommt es womöglich dem am nächsten, was in der deutschen Mystik »der Ungrund« heißt."

Poschmann treibt das Geschehen in ihrer unvergleichlich zurückhaltenden, genauen, detailreichen Prosa vorwärts, so dass man als Leser förmlich die nächste Reisestation herbeisehnt. Alles ist realitätsdurchwoben, ob es sich um die turbulente Stadt Tokyo, um Wälder oder Betonpisten, hässliche Sozial-Bauten oder das Ziegenbärtchen des lebensmüden Studenten Yosa handelt, um „durchasphaltierte Hügel" oder die überragende Schönheit der Kiefern, die zu beschreiben Poschmann ein Äußerstes an Variabilität aufbietet, - und doch zur selben Zeit so entrückt, so zart, so wirklich und zugleich traumhaft, wie es nur einem Dichter, einer Dichterin wie Marion Poschmann gelingen kann.

Dass Silvester den von ihm behüteten Tamagotchi (!) an der letzten Umsteigestation vor dem Ziel aus den Augen verliert und dieser auch dort an der Klippe vor den Kieferninseln nur als Traumgestalt auftaucht, legt die Vermutung nahe, dass es sich von vorneherein um einen Doppelgänger Gilberts gehandelt hat und er diesen nicht mehr braucht zur Spiegelung seiner selbst.

Silvester hat viel gelernt auf seiner Reise zu den Kiefern, auf seiner Reise ins eigene Innere und damit zu Gott. Den Zusammenhang zwischen Mystik, Poesie und Natur erfährt der Protagonist auch beim Nachdenken über ein Gedicht des japanischen Dichters Saigyo:
Am Rand des Weges,
wo ein glasklarer Bach fließt,
im Weidenschatten
wollte ich rasten, blieb dort
für eine ganze Weile.

Gilbert erkennt darin „ein Bild für die Ruhe des Geistes angesichts der vorüberfließenden Dinge".

In Poschmanns mit stiller Energie aufgeladenem Roman findet die Natur ihre großartigste Sprachäquivalenz. Es verwundert daher nicht, dass Marion Poschmann der 2017 erstmals ausgelobte „Deutsche Preis für Nature Writing" verliehen wurde.

„In Japan verschaffte ihm die Pflanzenwelt eine eigenartige Erleichterung. Immer war man umgeben von unproblematischem Azaleengrün, positivem Moosgrün, einfachem Bambusgrün – und dem geheimnisvollen, dunklen Grün der Kiefern. Sie standen lichtnadelig und kompakt, und er tauchte ein in ihren Schatten, in ihr Zikadengrün, ihr Meergrün, ihr Fahrtwindschwarz. Die massigen, himmelverdeckenden Schirme verschoben sich vor seinen Augen, während er über den holprigen Waldboden ging, Ausschnitte voll dunkler Nadeln, Ausschnitte, in denen etwas Großzügiges über den weißen Himmel wischte, unerkennbar in seinen Einzelheiten, nicht zu fassen in seiner Einzigartigkeit, kein Bild.

Er ging über den ungleichmäßigen Grund, er ging unter den immergrünen Kiefern, ihrem Schwung, ihrer Dunkelheit und Detailfülle, er

ging im Glanz ihrer abertausend Nadeln, und je näher er versuchte hinzusehen, desto mehr entzog sich der Baum, verschwand er in seinem Versuch, für ihn *eine Sprache zu finden*. (kursiv I.S.) Gilbert fühlte sich geneigt, sich in aller Ausführlichkeit mit Kiefern zu beschäftigen, mit Kiefernfragmenten und Gesamtkiefern, mit der Möglichkeit oder Unmöglichkeit ihrer Existenz. Er freute sich darauf, zu den Kieferninseln zu fahren."
Derart genaue Naturbilder in einer bezaubernden, ja bezwingenden Sprache finden heute kaum ihresgleichen.

In ihrem Schreiben geht es der Autorin ganz offensichtlich darum, für das, was sie schildert und beschreibt, „eine Sprache zu finden", und das bedeutet eine genaue, klare, aber auch magische Sprache. Das hat etwas sehr Existentielles, auch wenn die Geschichte, die hier erzählt wird, oszilliert zwischen Komischem und Tragischem, zwischen absurd-skurril und tiefgründig, so dass sie sich keiner Lesart verweigert.

So wie man schon die Reisebeschreibung von Matsuo Bashô als äußere Wegbeschreibung oder als Exkursion des Geistes in eine innere Landschaft lesen kann. „Die Reise durch einen geistigen Raum" schreibt Gilbert Silvester an seine Frau Mathilde, „hat im Okzident beispielhaft der heilige Bonaventura angetreten. In seinem *Itinerarium mentis in Deum* beschreibt er den Stufenweg der Seele zu Gott, wobei anzumerken ist, daß es sich weniger um einen Reisebericht als um eine diffizile Anleitung zur Kontemplation handelt. Wie im Zenbuddhismus eine regelgeleitete, didaktisch motivierte Meditationspraxis geübt wird, die das Ziel hat, nicht nur Ausgeglichenheit und Wohlverhalten zu fördern, sondern den Adepten tatsächlich zur Erleuchtung zu führen, gipfelt auch die Methode Bonaventuras in der mystischen Vereinigung (…)Bei uns ist die Reise nach innen verpönt, was ich darauf zurückführe, daß dieses Innere nicht nur als Bereich des Göttlichen und damit als Zumutung aufgefaßt wird, sondern eben auch schwer zu lokalisieren ist. (…) Bonaventura findet Gott in den Dingen und durch die Dinge, Bashô hingegen findet die Dinge in und durch Gott. Und wir, die wir den Innenraum nicht einmal kennen, können nicht wissen, ob in den entgegengesetzten Herangehensweisen letztendlich ein Unterschied liegt oder nicht."

Marion Poschmann scheut sich nicht, über einen inneren Weg zu Gott nachzudenken und darüber zu schreiben. Auch wenn dieser Roman humorvoll und leichtfüßig, in einer wundervoll schwebend-leichten Sprache die skurrile Geschichte zweier sonderbarer Figuren und ihre Reise im Land der aufgehenden Sonne beschreibt, was allein schon preiswürdig ist, so wäre diesem kleinen Meisterwerk die Zuerkennung des Deutschen Buchpreises 2017 auch deshalb zu gönnen gewesen, damit „der Bereich des Göttlichen" nicht mehr „als Zumutung aufgefaßt wird", wie es im Roman „Die Kieferninseln" heißt. Aber auch ohne diese Auszeichnung ist der Roman Lesevergnügen und Erkenntnisgewinn in einem, hingetuscht wie ein japanisches Rollbild

Es gibt im Roman immer wieder wunderbare Stellen zum Innehalten, fast als begebe man sich selbst auf diese innere Reise wie einst der Dichter Bashô und nun die Dichterin Poschmann in ihrer Hauptfigur Gilbert Silvester. „Die Wanderübung als Lebensreise, das hieß, man stand an der Kreuzung und konnte wählen, ob man ging oder blieb, ob man den bisherigen Traum weiterträumte oder ihn gegen einen anderen tauschte. Und der eine, so die buddhistische Auffassung, war, an der ewigen Wahrheit gemessen, so irreal wie der andere."

Und ist der Roman insgesamt schon als ein lyrischer zu bezeichnen, so sind zusätzlich noch Haikus von Bashô eingestreut.

Marion Poschmann wird zu Recht für ihre großartige Sprache gelobt, auch in diesem Roman. Aber außerdem ist das Buch „Die Kieferninseln", obwohl nur von geringem Umfang, ein großes Weisheitsbuch, das man wieder und wieder lesen möchte, um durch eine Abwendung von der allgemeinen Hektik in diese große Ruhe zu kommen, die man darin liest und spürt, die man auch gerne erreichen, der man sich überlassen möchte.

„Gilbert betrat den Bahnsteig mit der heimlichen Lust, sich von allem abzuwenden, er betrat ihn mit der Furcht, daß diese Abwendung tatsächlich gelingen könnte, er betrat ihn mit dem Wunsch, in dieser Abgerücktheit etwas zu finden, das ihm ein für allemal die Augen öffnen würde über die Natur der Dinge. Dabei dachte er vorrangig an Kiefern, fast ausschließlich dachte er an Kiefern."

Erstaunlich ist auf jeden Fall, dass innerhalb von einem Monat dieses zarte und zurückhaltende Buch bereits in der vierten Auflage vorliegt und in der SPIEGEL Bestsellerliste stetig nach oben klettert.

Um nicht selbst nach Japan aufbrechen zu müssen, um die Erfahrung von Stille, von Anhalten, vom Eintauchen in Poesie machen zu können, kann man vielleicht mit der Autorin fragen: „Die japanischen Kiefern auf ihren malerischen Inseln – waren sie tatsächlich imstande, ihn etwas sehen zu lehren? Und falls ja, warum sollte eine ganz gewöhnliche Kiefer, beispielsweise in einem Brandenburger Forst, dazu nicht ebenso gut in der Lage sein?"
Gilbert Silvester fragt sich am Ziel seiner Reise: „Die entscheidende Frage aber lautet, führt diese Route auch auf eine innere Weise zum Phänomen der Japanischen Schwarzkiefer, so daß man am Ende imstande ist, eine Kiefer zu *sehen*? Ein Itinerarium müßte die Schwarzkiefer aus der Leere, die allem zugrunde liegt, so hervortreten lassen, daß man die Kiefer vor Augen sieht und auch ihre unendliche Verzweigung, die wieder in der Leere mündet, es müßte den abstrakten Begriff der Leere so mit Bildern anreichern, daß ein sinnlicher Zugang zu ihm möglich würde."

Brandenburgische Kiefer

Und was in Japan nichts Ungewöhnliches ist, einen Ausflug zu machen, um Bäume zu bewundern, vollkommen nutzlos, so wie Poesie zu schreiben oder zu lesen, jenseits der Frage Warum, wollte Gilbert seine Frau einladen, diese Erfahrung mit ihm zu teilen.
Er würde Mathilde sagen, „es ist alles ganz einfach, komm zu mir nach Japan. Die Laubfärbung beginnt." Denn: „Laubfärbung ist reine Gegenwart".

Zur reinen Gegenwart des Lesens, Denkens und Träumens lädt Marion Poschmann mit allen ihren Büchern ein.

Veröffentlichungen von Ilka Scheidgen über Esther Maria Magnis:

„GOTT BRAUCHT DICH NICHT – ein provozierendes und aufwühlendes Debüt –" bei http://www.theologie-und-literatur.de/ eingestellt am 29.10.2012

„Mystisches Erlebnis – Ein aufwühlendes Debüt". In: Zeitzeichen, Evangelische Kommentare zu Religion und Gesellschaft, Heft 12/2012

„Schwester Hiob. Erst litt Esther Maria Magnis an Gott, jetzt schreibt sie über ihn. Ein Porträt". In: Die Tagespost vom 13. 04.2013

„Die Bekehrung der Esther Maria Magnis". In: Publik-Forum Heft 9 vom 17.05.2013

„Esther Maria Magnis". In: Ilka Scheidgen „Vorweggenommen in ein Haus aus Licht: Autorenporträts". Twentysix, Norderstedt, 2016

Veröffentlichungen von Ilka Scheidgen über Marion Poschmann:

„Der Welt ein inneres Leuchten geschenkt. Der vielschichtige Roman ‚Die Sonnenposition' von

Marion Poschmann". In: Die Tagespost vom 24.12.2013

„Gedichte, leicht wie japanische Pinselstriche. Marion Poschmanns spirituelle Erfahrungen bei ‚Mondbetrachtungen in mondloser Nacht'". In: Die Tagespost vom 06.06.2016

„Baum der Erkenntnis. Marion Poschmann geht es um Wahrheit, Stille, Leere und Schönheit, um Sprache, in ihrer Dichtung macht sie Unmögliches möglich". In: Publik-Forum Extra Leben, Das Magazin mit dem anderen Blick. Heft Oktober 2016

„Marion Poschmann". In: Ilka Scheidgen: „Sprache ist alles. Zeitgenössische Lyrik von A bis Z. Von Aichinger bis Zornack". Twentysix, 2017

Marion Poschmann und ihr neuer Roman „Die Kieferninseln" bei: http://www.theologie-und-literatur.de/ eingestellt am 10.10.2017

„Mystische Erkenntnis unter gefärbtem Laub. Marion Poschmann ist wieder ein Roman gelungen – Reise auf den Spuren des japanischen Dichters Matsuo Bashô. In: Die Tagespost vom 14.10.2017

Pressestimmen zu Porträts von Ilka Scheidgen

Manchen Büchern gelingt es, den Leser mit zauberhafter Leichtigkeit in die geheimnisvolle Welt der Schriftsteller zu entführen. Autorenporträts „entstanden auf der Basis persönlicher Gespräche", wie Scheidgen im Vorwort erklärt, finden sich in dem Buch. Gespräche, die bei den Autoren und Autorinnen zu Hause stattfanden und von den „lebenswichtigen Dingen handeln: von Liebe und Tod, Gott und Welt, Schmerz und Glück". Ilka Scheidgen hat es mit ihren „Fünfuhrgesprächen" geschafft, das Ewig-Unsagbare der Schriftsteller-Existenz wieder ein bisschen sagbarer und wahrer auszudrücken. *Die Tagespost*

Die zeitgenössische Literatur ist ein Land der Überraschungen. Ilka Scheidgen geht auf Entdeckungsreise in diesem Land. Ihre Autorenporträts stützen sich auf Gespräche mit den Schriftstellern und auf eingehende Werkstudien. Sensibel beschreibt sie den metaphysischen Hunger der zeitgenössischen Literatur, ihre hartnäckige Antwortsuche, die oft zu paradoxen Glaubenseinsichten führt. *Passauer Neue Presse*

Außer unterwegs zu sein mit eigenen Texten in Lyrik, Prosa und Essay war Ilka Scheidgen seit mehr als zwanzig Jahren auch immer wieder abwesend vom Schreibtisch - hin zu Autorinnen und Autoren der Gegenwart. Diese Besuche haben eine entsprechend reiche Ernte eingetragen als Niederschlag in Form von Portraits. *Der Literat*

Ilka Scheidgen hat ein Talent, über das nur wenige Schriftsteller verfügen: sie ist nicht nur Lyrikerin und Romanautorin, sondern auch eine gute Gesprächspartnerin, die sich anders als viele andere Autoren auch für das Leben ihrer schreibenden Kollegen interessiert. Durch ihre behutsame Art gelingt es Scheidgen dabei, dass die Autoren selbst bei heiklen Fragen, wie etwa der nach dem Glauben, nicht gleich verstummen, sondern sich einlassen, ihren Befürchtungen und Hoffnungen Ausdruck verleihen. Die Autorin versteht es die Gespräche geschickt mit Zitaten, mit Hintergrundwissen und kleineren Exkursen zu einem komprimierten, aber sehr essenziellen Porträt zu verdichten. So entstanden gelungene Autorenporträts, die nicht nur informativ, sondern durch ihr hohes Maß an sprachlicher Reflexion auch sehr lesenswert sind. *Kölner Stadtanzeiger*

Biographische Details und eigene Beobachtungen hat Ilka Scheidgen in ihrem Buch „Hilde Domin. Dichterin des Dennoch" zusammengetragen. Die Autorin pflegte zwanzig Jahre Kontakt zu Domin und gibt viel von ihren Gesprächen preis, die die spätberufene Lyrikerin als lebhaften und warmherzigen Menschen zeigen, der viel über die Funktionsweisen der Gesellschaft nachgedacht hat. Domins persönliches Credo lautete, „nicht im Stich lassen. Sich nicht und andere". *Julia Bähr in Frankfurter Allgemeine Zeitung*

Scheidgen verknüpft Gedichte und essayistische Schriften mit Gesprächsaussagen Hilde Domins: „nicht im Stich lassen. Sich nicht und andere", gab sie in einem der über fast 20 Jahre geführten Gespräche ihr persönliches Credo preis. Zu Recht stellt Scheidgen heraus, daß Hilde Domin sich nicht als *Sprachartistin im Elfenbeinturm* verstand, sondern immer wieder auf das eigentliche Potential der Lyrik verwies: Widerstand zu leisten gegen alles instrumentalisierte Sprechen, gegen jedwede Manipulierbarkeit. Darin gründete ihr Engagement für Humanität, Zivilcourage und Wahrhaftigkeit. *Christoph Gellner in Stimmen der Zeit*

Diese Erzählerin war längst vor Raymond Carver und allen anderen Vertretern der "short cuts"-Prosa eine Virtuosin aussparenden Erzählens. Wer sich über die Entwicklung ihrer literarischen Verfahrensweisen orientieren will, sollte zu Ilka Scheidgens Auswertungen von Gesprächen greifen, die sie mit der Jubilarin führte *(Ilka Scheidgen: "Gabriele Wohmann. Ich muss neugierig bleiben")*. **Tilman Krause in Die Welt**

Die Biografin Ilka Scheidgen hat sich dieser Aufgabe mit Detailkenntnis und aus persönlicher Vertrautheit mit Gabriele Wohmann angenommen, sie hat viele Gespräche mit ihr geführt und Wohmanns Bücher achtsam gelesen. (…)Ilka Scheidgen versteht es, Grundintentionen von Wohmanns Schreiben ins rechte Licht zu rücken und etwa den der Autorin vielfach bescheinigten "bösen Blick" als "Rebellion gegen die Behaglichkeit" (Walter Hinck) und kritisches psychologisches Porträt des Bildungsbürgertums auszudeuten. ***Michael Braun in Medienprofile***

Ich bewundere Ihre Art, wie Sie einen Autor in der Beschreibung erfassen und lebendig machen, vor allem in ihren eigenen Texten lassen Sie sie zu Wort kommen. Und wie gut, dass Sie Ihre persönlichen Begegnungen und Gespräche einbringen können. *Hans Bender* (1919-2015), Mitbegründer und langjähriger Herausgeber der Literaturzeitschrift *Akzente*.

In der Reihe der Doppelporträts sind bisher erschienen:

Zu Besuch bei Günter Grass und Herta Müller. Zwei Nobelpreisträger für Literatur. Twentysix, Norderstedt 2016

Zu Besuch bei Peter Rühmkorf und Dorothee Sölle. Twentysix, Norderstedt 2016

Zu Besuch bei Zsuzsa Bánk und Peter Härtling. Twentysix, Norderstedt 2017

Zu Besuch bei Hans Bender und Arnold Stadler. Twentysix, Norderstedt 2017

Zu Besuch bei Christian Lehnert und Patrick Roth. Twentysix, Norderstedt 2017

© *Ilka Scheidgen*

Ilka Scheidgen schreibt Lyrik, Romane, Erzählungen, Essays, Rezensionen und Autorenporträts. Sie hat sich als Schriftstellerin und Publizistin in vielfacher Weise einen Namen gemacht.
Über Hilde Domin (1909-2016) und Gabriele Wohmann (1932-2012) hat Ilka Scheidgen die einzigen autorisierten Biografien veröffentlicht.
Zuletzt erschienen von ihr fünf Bände mit Doppel-Porträts und ein Porträtband über Martin Walser.

2002 wurde sie für ihr literarisches Werk mit dem Kulturpreis des Kreises Euskirchen ausgezeichnet.
Homepage der Autorin: www.ilka-scheidgen.de